LYRIKEDITION 2000

begründet von Heinz Ludwig Arnold †

herausgegeben von Florian Voß



**Allitera** Verlag

Jonas Gawinski, 1995 geboren, veröffentlicht in Zeitschriften und Anthologien, u.a. Ausserdem, Rogue Nation, Signaturen, Sterz, Lyrik von Jetzt 3. 16. Nahbellpreisträger 2015. Finalist beim Münchner Lyrikpreis 2015. Autor bei Fixpoetry.com und Babelsprech.org. Studium der Freien Kunst 2016.

Jonas Gawinski

# Die Nacht wächst schnell nach

Gedichte

LYRIK
EDITION
2000

Informationen über den Verlag und sein Programm unter:
www.allitera.de

Informationen über die Lyrikedition 2000 unter
www.lyrikedition-2000.de

Februar 2016
Allitera Verlag
Ein Verlag der Buch&media GmbH, München

Printed in Germany
ISBN 978-3-86906-840-4

*für Ada*

## *Offengelegtes Geheimnis*

Die schweren Platten, das gemörserte Licht. Keiner von uns
denkt daran nachzugeben.
Immer häutet sich einer, wenn wir nicht hinsehen
und die Wälder gehen ein
bevor wir sie betreten. Mit nackten Füßen
über die kalte Fläche, die sich fortzieht, sich langsam
verformt, sich leicht
über eine Hand wellt, eine Hand,
die dich hierhin gesetzt hat. Dich eingetaucht hat
in ein weinendes, bläulich verzerrtes Auge.
Fasern wachsen aus dem Bildschirm, Lügenstränge,
die wir vernähen, rundum, zu einem leuchtenden Kokon.
Wörter halten wir nicht aus. Es lebt sich leichter
in einer abgeschiedenen Sprache aus warmem Holz und Kirschsaft.
Mit großen Bottichen aus Stahl
stehen sie auf dem Dach
und gießen uns die Nacht
wie eine schwarze Stimme
in die erkalteten Köpfe. Weich treiben
die Tage dahin, blattlos,
verblüht,
stehen wir im Angesicht des Schicksals,
vor einer bekannten Fassade.
Behängen sie mit Fotos von morgen.
Seltsam schweigt uns
ein Lächeln an
aus der Dunkelheit, mit dem wir
leben können.
Zurück von der Wanderung, gegerbt,
dein nacktes Bein,
ein offengelegtes Geheimnis
hängt aus der Badewanne
und malt einen blanken Strich
unter jedes Wort.

*Im Herbst schließe ich die Fenster und die Möbel*
blühen dunkel und feucht.
Moos, Silben, Beine bleiben
Gebet, das Heuschreckensummen in deinen Zehenspitzen bleibt.

*Marat liegt in der leeren Hotelbadewanne, ein*
Dichter, der nur langsam
verstummt, wenn die
Dämmerung in den Schatten einsetzt und Kinder
verlernen zu sprechen
in diesem Hotel,
sitzen den Herbst über
auf einem Staubfilm,
einer grau gesättigten
Leere, Sonntag Nacht, Du
bist woanders und
Marat frisst Silben, wie
der Wahnsinn sein leeres
Portemonnaie.
Und alle kommen und gehen
nur wir verweilen hier
beten die Briefe an,
die wir nie schrieben--

## *Die Städte verschlingen uns vorsichtig*

Über der Klippe friert dein Schicksal fest,
eine Möwe, die verlernt hat
zu schreien.
Dein Kleid, maßgeschneiderte Vergebung
im leeren Theater
hast du meinen Schatten gesehen:
die Statistenrolle,
den brennenden Dornbusch, Gazelle
mit gebrochenem Bein.
Über die feuchten Spiegelbilder schweigen wir nun,
es regnet Gedichte in Paris, Venedig, Penemünde.
Die Ölpfützen, versungene Spiegelbilder
am Waldsaum und du denkst auf deinem Blaubeerhügel,
trostloser Kadenz in der radierten Landschaft:
die Städte verschlingen uns vorsichtig.

## *Das Gewicht –*

Auf den Fischerbooten, die weinenden Architekten.
Taschentücher liegen wie schmutzige Sonntage
auf dem Steg, aufgewärmtes Holz, Trost umwuchert,
Salz und Silbe verschmelzen,
Zeitung und Wind, doch wir reden im Schlaf
mit den Bauten, die wir nie zähmen konnten.
Mittelmeer, Ghettos, dein Albtraum baut
den Tag auf, mit schrumpligen Pianistenhänden.
Im Fahrstuhl ein Kuss, cremefarbener Mantel,
Matrosenträume, Schwarzpulver,
den Sommer vom Meer her durch die Fenster geschrien.
Die Dämmerung friert ein unter ihrer Norah Jones Stimme.
Nichts mehr zu erbauen, nichts mehr für das man
jetzt noch lebt. Ein Architekt
küsst das siedende Wasser, Wanderschatten, seine
fliehenden Linien, die wie Taunusglühen
in den verschwommenen Morgen mäandern, vorbei an
Bierbüchsen und heimlich
knisternden Versprechen und länger
werdenden Hundeschatten ––

*Monet hat das Welken an deine Pupillen getupft,*
Leinwände, feucht von
der ersten Nacht, der letzten
vorm Tag der Reinigungszeremonie.
Am siebten Tag, nach der Schöpfung von Mandarinenduft
an Lehmhütten, der Erfindung von müden Radios,
und bitteren Schlagern, wir
haben saure Milch im Nacken,
Mein Schatten wird jetzt von Hunden gefressen,
die keine Heimat haben, ein Knochen,
Gräte in der Erinnerung,
im Hals eines Friedhofs
vergeht uns die Zärtlichkeit
im Befühlen der moosüberwachsenen Heizungen,
der nassen Grabsteine, Kinder, die wir nie haben sollten.

*ein Schatten, in dem sie alle*
Perücken tragen. Hier küssen die Blumenmädchen
den Rauputz, mit ihren rußverschmierten Mündern,
die Müdigkeit der Taubenbäume,
Noldes Tropensonne,
das Jahr der toten Schafe,
schwefelgelber Lippenstift.

*Wir blühen aus, wenn wir uns keine Diener*
mehr kaufen können, weil das Portemonnaie leer,
die Wolken aber voll sind. Zigarettenschachteln, wir
müssen erst wieder lernen dem Herbst
seine Wolken weg zu rauchen. Er wird uns ans Kreuz
nageln und Fotos machen, das aber erst später –
Wir werden nicht bewässert und lieben
die Vergänglichkeit dieser Tage, Vera Cruz, weiß
flammt die letzte Seite auf.

## *Dieser Tage –*

Du hängst die Angst an ihren Haken, durchnässter
alter Mantel, beige, wie ein endloser Sonntag.
Kakerlaken zerdrückt, tot
auf den gekachelten Fliesen. Wir lernen wieder
zu lesen. Viel uns nicht das Atmen schwer, rauchende,
im Frühjahrslicht welkende Gestalten,
namenlose Eltern, vermisst, wenn
keiner da war, der einem die Dunkelheit reicht,
wie ein Taschentuch, ich
liebe und weine haltlos in ein versuchtes
Geheimnis,
ich weine und niemand ist da,
der mit mir verrückt wird
und zurückkehrt ins Rätsel.

*Mit der Nagelschere schneidest Du*
das Moos von meinen Lippen.
Du sagst, die Nacht wächst schnell nach –
und das Chaos dieser Tage
löst sich, wie eine Badekugel aus Vanilleschoten.
Kaltes Wasser, kein Geld noch n Bier zu kaufen.
Erster Schnee, eine Ahnung von
Gebetshauch in den Fensterscheiben –
Wir sehen nach draußen, Dylan singt things have changed,
und du sagst mir,
ich liebe aber
ich will nicht mehr.

*Wo bist du jetzt, was tust du?*
Es hat die Entstehung sieben toter Wälder gedauert
Dich zu vergessen –
Aber am achten Tag, dem Tag nach der Ruhe, fand ich mich
in deinen Augen wieder. Ich warf mein gestanztes
Wintergedächtnis, wie 5 Rappen in den Abfluss,
Bern, die Ruhe im Auge des Sturms.
Die Felder weinen ihren nassen Glanz in den Himmel,
wo du jetzt bist.
Sitzt auf einer Wolkenbank, zündest die Berührungen an,
Kompositionen in Keilschrift,
wie Zigaretten, die niemand raucht.

*Meine Gedichte sind schöne Orte. Hier fühlen sie sich wohl:*
die hundertjährigen Dichter. Wie weit soll das nochmal gehen.
Ich habe jetzt das deutliche Gefühl, dass Journalisten
und Clowns, abtrünnige Richter und heilige Henker, dass sie alle
die Neongraffitis von meiner Schädeldecke waschen.
Immer waschen sie in meinen Gedichten und hängen die Kleider auf.
Ein Gedicht ist ein nackter Mensch und Gedichte machen Leute, nicht
Leute machen Gedichte. Meine Gedichte sind schöne Orte,
hier fällt der stummgestellte Schatten auf die Kalkwand. Dein Mund
raucht
eine Zigarette und ein Geheimnis beginnt zu blühen,
irgendwo im Herbstland deiner müden Lippen.

*Müde vom stillen Dahinleben*
vor Masken, leeren Stuhlreihen
in der Uraufführung
deines Schicksals. Aber sie lassen
sich ihren Gin bringen
und würfeln die Ereignisse
zwischen den Zeilen.
Ich habe ihnen nichts mehr zu sagen
und sie wissen, dass wir alle einmal
Luft gefasst haben
in einer scheinbaren Stimme,
die euch bekannt ist, eine, die euch
beherrschen wird.
Wir werden nicht wählen
zwischen den schmalen Drähten,
die uns in Programme verwandeln. Wichtig ist nur
die Art des Verschwindens. Geh nicht einfach,
in dich gezogen, um die Glasstadt.
Eine verblasste Aura sucht dich,
fließt über den erwärmten Asphalt
und entfernt hörst du Kinder durch Espenlaub laufen,
dampfende Karosserien, ein verhalten
leuchtendes Wetter. Sie stehen mit Ferngläsern
an ihren verschlossenen Fenstern.
Sie haben sich in ihren Studien
über Fremdes
verloren. Nie werden sie fähig sein
ihre Heiligenscheine zu erkennen, nie
werden sie eine heilige Präsenz
in Blumenvasen fühlen,
das Licht auf dem Wasser, ruhende Meere
und wie du über den Sand läufst,
nackt
roh,
immer zu
in die sterbende Sonne.

## *Fremd*

Du stehst nackt im Raum
Deine nassen Haare wellen sich durch die Dunkelheit.
Es ist Tag. Dies zu begreifen dauert den Herbst über.
Die Vorhänge mit Nägeln, vorsichtig, in die kahlen Wände
zu schlagen verlangt das Schweigen
deiner Finger. Auf dem Hohlkörper der Violine,
auf meinem Gesicht. Immer stehen Pferde im Regen, gezähmte Stunden,
die keinen Besitzer haben, warten
auf den Ruf der Meere, versteh doch: Im Schatten
fühle ich die Verwunderung eines Kindes. Die Felder werden
von Wörtern gepflügt, Licht dringt ein.
Nichts ist zu sagen. Im leeren Glas versucht eine Spiegelung
in die Bewegungen zurückzufließen. Im Innern dieser Tage:
eine Wahrheit, wie der Bleistift, den es zu brechen gilt.

## *Kannst du wieder das Mädchen sein?*

Du bindest mich an einen dieser morschen
Baumstämme und wirfst mich in den Gedanken,
den du gerade ins leere Flussbett gegossen hast,
der dir so schnell flüssig wurde, scharf wie ein
Eiszapfen, hast ihn aus Mutters Gefrierschrank
gebrochen, wo tausend kleine, in Leinen gewickelte
Herzen lagen, bereit wieder Blut durch die Körper
der Bauarbeiter zu pumpen, denen sie entrissen wurden
die mit ihrem Presslufthammer Löcher in die Wörter
machten und mit schaufeln tiefer gruben
als jedes Kind in der Sandkiste, im aufgerissenen
Erdegedicht. Du steckst kleine Nadeln durch die straffe
Himmelshaut, eine Schlangenhaut die du mir angezogen
hast mit jeder Berührung. Die Telefone weinen haltlos
in die Nacht, Uhren verwandeln sich in Nacktschnecken,
die über mich kriechen. Hier halten Kinder
Stundenglas über die verwandelten Uhren und warten
bis die Sonne sie auslöscht. Weckst du mich
wenn ich zum Brunnen schlafwandle um deinen Namen
aus der Tiefe zu ziehen? Deinen Namen der in meinen
Händen hängt wie der Kadaver eines klaffenden Lamms?
Kannst du wieder lieben, wenn ich dich im Sandkasten
vergesse? Wenn ich dir Ketten anlege, damit du ein Wildtulpenfeld
im Innern der letzten Sommerkadenz bleibst? Im Tiefschlaf
auf den kalten Steinen meiner Gedichte schläfst?
Kannst du wieder das Mädchen sein, das mir auf die
Finger weint, das gleich auf dem Klavier
eine Sinfonie in den morschen Baumstamm verwandelt
an den du mich bindest, um wieder durch diesen einen Gedanken
zu treiben, dass ich dich liebe?

## *Knicklicht*

Die Angst, dass kein Ursprung mehr ist
wenn wir den Ursprung erfasst haben. Statistisch
leben wir dahin. Es ist, als würdest du
vor die Wahl gestellt werden: ein Leben als Bildhauer
oder ein Tod als Statur. Alle helfen dir
nicht mehr dir selbst zu helfen. Sie lernen
von deinen hastigen Gehversuchen, von den Krampfanfällen
und übertragen alles in ihre Tagebücher. Sie stellen sich
dumm, wenn es um ihre Zeit geht. Nichts zu tun haben mit
Zeit. Deine knochigen Finger fassen wieder
mein weiches Gesicht. Es ist eine merkwürdige Stille
in deinem Tun. Seit du verlernt hast
zu sprechen. Viel gibt es nicht mehr, was dich
an dir hält. Vielleicht diese Art
ein schwarzes Wunder in die Böen zu weinen. Vom Meer
laufen die Seegeburten
in alle Richtungen, nur nicht zurück
auf deine Zunge. Die Schafe liegen tot auf den Wiesen.

# *8*

Wein jetzt bitte nicht. Die Nachttischlampe inszeniert
den brennenden Molotow-Coctail. Ich erinnere den dunkelgrauen Filzboden.
Deine nackten Zehen, abgenutzt und blutig.
Zur Hochzeit sind alle erschienen. Einige sahen mich komisch an,
weil ich irgendwie
die Nacht aus meinen Augen verlor. (Sie verfolgt dich,
steht nackt vor deinem Haus. Treibt sich nachts auf den Bruchstraßen herum,
Kasinoherzen massiert sie gerne
mit ihren faltigen Händen.) Und da steht sie. Wende dich nicht ewig ab,
du machst mich krank. Ich habe das deutliche Gefühl, dass einer von uns
wahnsinnig wird: du oder ich
oder die lechzende Dunkelheit in uns? Da liegen die Statistiken: Wir leben jetzt
länger als noch Jahrzehnte zuvor. *Wir haben die Ehre*
wird uns ins Ohr geflüstert.
Zwischen Hochhäusern, ohne Geld oder Wort
zu werden. Wort oder Wert.
Für niemanden.
Wende dich nicht ab: Da steht sie
und erwartet dich einmal anlächeln zu dürfen,
in all ihrer benzindurchtränkten Selbstwahrnehmung.
Du weißt doch: wir alle leben darin,
in den Spiegelungen
der Billiardkugeln. Die schwarze 8
wartet auf Zimmer 8,
doch wie viel hältst du aus
von dir, ohne vor die Hunde zu gehen?
Blumen gießen bei alten Menschen, ist das dein Ernst?
Im Hotel sitzen Junkyhuren und suchen nach
nach dem Haarbüschel
das gerade auf den Boden gefallen ist.
Aber wein jetzt bitte nicht. Ich bin nicht für immer weg.
Ich durchkämme die Atomkraftwerke und Silos, ich

sitze fest im Gefängnis,
Leute kommen an, mit Hundeknochen. Damenbinden und
ihren hässlichen Versprechungen die immer Eigenleben
entwickeln, wenn sie langsam
abbrennen.
Wie eine Schachtel Malboro, neben dem Premiumglas ORIGINAL
IRISH WHISKEY. Im Kaffee
wo wir uns lieben lernten. Ohne Gesetze zu melken
wie trächtige Kühe. Dann eines morgens passiert es:
Du gehst raus, auf die kalten Herbstwiesen
und siehst all diese Kühe,
tot.
Du streichelst sie ein letztes Mal, gehst wieder rein
weinst in das schwarze Taschentuch
Des sich dunkelnden Raums.
Jetzt bist du besser. Rehabilitiert. Raus aus der Anstalt.
Shakespeare hantiert unprofessionell mit dem Operationsbesteck
herum.
Er ist der betreuende Arzt. Sie haben Krebs.
Danke.
Du bist der Friede über allen Wundern,
das grüne Badewasser läuft ab
heimlich schäumt eine Erkenntnis auf, Scheuermilch in den Falten
deiner Handfläche. Die alte faltige Hand liegt auf der geschlossenen
Klaviatur. Draußen laufen all die Kinder,
denen man die Augen ausgestochen hat. Was hat das alles
zu bedeuten, wozu lügst du mir mitten ins Gesicht,
während ich dein Kruzifix
aus der Benzinpfütze hebe
und was hat das alles mit dem Molotow-Cocktail zu tun,
der da auf deinem Nachttisch steht. Kondome am Boden. Joint
im Aschenbecher. Der magnetische Ruf der Hölle.
Wellen kämmen dein nasses Haar. Du fragst mich noch
Warum wir immer noch das Leben beschreiben mit Kreide und
warmen Katzenhärchen?
Wie du darauf gewartet hast, mich
wiederzusehen, nach meiner unheilvollen Odyssee durch 7 Wüsten
im Gedicht, 7 Zirkuszelte, 7 Mal ein Clown gewesen,
dein Lächeln war mir Schminke
und verlaufene Zeit, ein

feuchter rötlicher Nieselregen, ich weiß
nicht wohin uns dieser Freiheitsdurst führt,
wenn nicht ins Bett und zu zwei Zigaretten, wenn nicht
in das erste Wort des Meeres, das eben geboren wurde
durch deinen Hepburnblick, Qualm
setzt sich fest, ein gelöster, schwereloser Traum
im Herbst, Kaffeesatz
in dieser viel
zu weißen Tasse, aus der wir den nebligen Morgen,
die Küsse, die siedende Dunkelheit trinken,
wie ein Rätsel, das wir noch nicht ganz verstehen –

## *Ahornblätter –*

Eine Vorahnung schwirrt durch die Luft,
weicher Libellenschwarm,

in ihren Klavierhänden
wachsen Kalksinfonien, wiehern

friesische Hengste, wehen Mähnen, ersticken
Barmherzigkeit und Trost,

wie Rostkastanien oder
kupferschwere Ahornblätter –

*Da ging sie, in ihrem smaragdgrünen Mantel,*
ihr *adieu* hing noch in der warmen Sommerluft, wie der Duft von

Nassen Sonnenblumen. Ich sah sie vom Fenster aus
Verschwinden, das kupferrote Versagen

Nistete sich ins Schulterblatt, vielleicht
War ich nie gut genug zu ihr. Hier lernen wir

Wie man sich in hoffnungslose
Träume weint, dass nichts so schwermütig macht, wie

Seine Gebete auf dem Asphalt zu finden,
Tauben mit gebrochenen Flügeln,
malte uns nicht in den Weststadthimmel, also

warteten wir, sehr lange
auf ein leise regnendes Wunder, auf

den Geruch von nassen Sonnenblumen
oder zerdrückten Kellerasseln, ein

scheinbares Vorhandensein von Trost.

## *Ballade eines Ostseefischers –*

Du glühst langsam aus
Alter Kahnführer, schlingerst dahin,
im pfirsichweichen Morgenrot meiner Manteltasche
lag immer eine weizenblonde Haarsträhne
deiner verstorbenen Frau, sie
band sich auf die Gleise, ein Wunsch
zerfleischte sie, wie die See, deine See, die
dich jetzt durchschneidet. Netze,
die nichts an Land bringen. Du glühst
langsam aus, deine Tage sind gezählt, die Leute
im Dorf sind nervös, Wolken platzen,
schwarze Johannisbeeren. Verse
Hast du immer in die See geworfen, oh
Deine entweihte See, 5-Pfennig-Münzen, deine
Gebete, die rostiger sind als dein Kahn,
auf dem noch immer ihr Name steht: Penelope und
keiner winkt dir altem Kahnführer, wenn
du ein letztes Mal hinausfährst und ausglühst, alles
mit Benzin übergießt und dein letztes Gedicht,
das erste Streichholz hineinwirfst, doch vorher noch
Ihre blonde Strähne in deiner See beerdigst,
ein Gebet für sie sprichst, bald bist du
bei ihr, guter Alter, doch eine Weile glühst du
noch aus, bis nur noch dein Gedicht bleibt,
das übers entweihte Wasser treibt,
dein Kahn, der dich überlebt –

## *Der Duft von Schwarzbrot –*

Unter der orange-weißen Markise
Lagen wir, auf dem Hochhausbalkon und

Fütterten Chimären. Wünsche
Bliesen uns Pfirsichstaub in die Augen, wir

Lernten langsam, was es heißt Jahre im Mark
Zu haben, wie Patronen

Oder den Duft von Schwarzbrot –

## *Die Maserung dieser Tage*

Wie friedlich wir jetzt sind,
Bonbonpapier weht über weißesten Sand,
die Lehmhäuser verdampfen,
Kaffeetassen unter leichtflockigen Wolken
ihre Taille meine Sierra Nevada
die Maserung dieser Tage glühte noch einmal auf
in ihren Augen, aus denen ungesehen
ein *bon voyage* tropfte.
Wir sammelten Mondwimpern von den Dünen,
in die kein Licht mehr drang, es
zog uns zurück in die leere Ewigkeit
der Strandkörbe –

## *eine Wimper von Dir –*

Vielleicht waren wir ein vom Glück
geküsstes Schicksal, Wolken,
eingewickelt in Stacheldraht,
ein von sommerlicher Wehmut
zusammengesetztes Mosaik aus
hagebuttenroten Flüssen,
kalten Zehen auf warmem Apfelholz, doch
unter dem Wellblechdach erstickt nun
dein Deichgeflüster, fließt Holunderblut aus
meinem alten Füllfederhalter.
ich muss begreifen: Sonntage, meine
vergilbten Verse, deine
melancholische Abwesenheit waren mir immer schon genug,
doch ungesehen
schwimmt ein Gewitter durch meine Augen, weidet sich
die lautlose Ungewissheit der Beichtkammer
an meinen Gebeten. Du gingst, ein stummgestellter Mond,
eine milchige alte Sonate aus dem Radio,
Und nun durchkämme ich
ein letztes Mal die Dünen,
mein Mund, eine angeschwollene Wortlosigkeit, ich
suche vergeblich nach einer Wimper von dir –

## *zerkratzt*

Ihre anmutige Enthaltsamkeit
keimt jetzt in meinen endlos
langen Nachmittagen,
zwischen dem bleistiftweich verzeichneten Säuseln
einer Flasche Portugiesischem Weißherbst
und Farnhalmen, aufgefächerter Schmerz,
der Ventilator summt sein Klagelied
butterweich, ihr Seidentuch, ihre gelbe Bluse,
ihre roten Fingernägel, die
meine Erinnerung zerkratzen, dieses
Fresko, das wir nie in den Himmel tupften –

## *Gewicht –*

Ich wiege jetzt nichts.
Vom Balkon gegenüber, eine Sonate,
staubiges Licht, große, schwere
Wolken verdunkeln den Horizont und
ich schwebe über die Stadt, Kornfelder, milchige
Blitze, Vorwürfe, geerntete Lügen, ein
Schwarzer Ballon,
ich wiege jetzt nichts –

## *Halleluja –*

Alles wurde lautlos,
Verse züngelten wie Nattern
durch Dünen. Alles begann sich
aufzulösen, Kondensmilch,
ein Schuss Vergebung, alles
schmeckte jetzt nach Pflaumen,
Lavendel oder Teer, der
Sommer schwebte, wie
ein Stechmückenschwarm
in der Luft, die deinen Namen
ins unbekannte Land säte,
vielleicht würdest du noch ein
einziges Mal keimen, vielleicht
würden die Mädchen am Meer
ihre Blumenkronen
in die Flut werfen und
Halleluja singen –

## *Härchen, Wimpern –*

Viel zu lange lagen wir
Rücken an Rücken,
unsere Wünsche wie
Reißzwecken
in rapsgelben Schatten,
viel zu lange haben wir
hoffnungslosen Wahrsagern vertraut,
unsere Verse ins Morgenland geschlagen,
doch alle Zelte brannten ab und
viel zu lange lebten wir
wie blonde Härchen im Wind,
Wimpern, deren Träume sich
nie erfüllen sollten –

## *Ich gerate in ein Nichts –*

Das Kalb ist geschlachtet.
Die Wiese glüht.
Deine blutigen Finger
malen meinen Namen
an eine fremde rote Wolke.
Dein Kleid weht auf.
Ich gerate in ein Nichts, das
mich lockt mit einem Revolver
und kaltem Absinth –

## *it's all over now –*

Unmerklich stirbst du dich
durch die Tage, wie ein zu oft gespieltes Lied
durch die ausgebrannten Klaviere. Niemand kennt dich jetzt noch,
gezwungen den weichen Gesängen aus dem Hospiz zu lauschen, sie
locken dich zurück
in bittersüße Monotonie von Eintagsfliegen,
falschen Prophezeiungen im weißenden Haar.
wie unerträglich Müdigkeit
in Strohhüten und Zylindern zu suchen,
stehengebliebene Uhren, Knopfaugen oder
Münzen, die niemals reichen werden,
um ein Ticket in die Hölle zu lösen, ein Ticket in dich.
deine Alte säuft sich voll. Erst trinkt sie deine Selbstgespräche,
dann trinkst du sie. Die Selbstgespräche an verregneten Nachmittagen
oder die Alte?
Ja.

## *anakondaschwarze Mäntel*

Auf dem nassen Kranichfeld kniete ich,
betete zu dem Gott, der mir verbat zu beten
Spaziergänger in ihren anakondaschwarzen Mänteln
Sahen flüchtig an mir vorbei, ich
Fiel ins Dichterauge, durchs Fliegengitter, wie Salz
in die rohen wunden Blicke.
Es wimmerte, keuchte heimlich in ihrer Stimme,
ein gottloses verjährtes Rapsfeld, ein
neonrotes Höschen, Gewitterwolken zischten
zwischen Zementschenkeln,
unbewohnte Holzbaracken schwiegen sich ins
unbewohnte Glück eines gepeitschten Baggersees.
An diesem Tag, als du Maschendraht um meine
Klavierfinger gewickelt hast, war ich mehr
als nichts, ich, das wie Blei im Strohhirn
leise mit sich selbst redende Gedicht.

## *Johannisbeerstrauch –*

Hinter den Vorhängen weinten die Henker,
meine Verse, geköpfte Könige,
begraben bei Nieselregen, die Kreidezeichen
obdachloser Kinder verschwammen,
säuberlich beschnitten, das Glück,
der Johannisbeerstrauch
in deinem Auge –

## *pulsierend –*

Ängstliche lila Wolken
verdunkeln das Dorf,
jetzt habe ich nichts mehr, nur
meinen Koffer voller Verse,
Kornblumen zwischen
den Buchseiten, zarte Halme,
verlorene Geliebte und ein Gift,
meine Sprache, die einst
durchs Dorf schäumte und wie
Wodka die schmerzhafte Reinheit
brachte, meine Sprache, die brütete
in verkohlten Nadelwäldern, die lautloser
ausglühte als das Wehen der
Seidenblusen, sonnenblumengelb, wer
war das, der da liebte und vergeblich
anschrieb gegen sein Versagen,
den Zigeunermädchen
niemals beigebracht zu haben
glücklich zu sein, mit Telefonkabeln
und kokoschkaweißer Verblendung umhüllt, ich
schneide mit einer rostigen Schere
am Himmel herum, dieser
blauen, pulsierenden Niere –

## *Rauschgift –*

Es riecht wieder nach verregneten Landstraßen,
wie früher, als wir noch Kinder waren, es schwillt eine
Galle an im Dorf, in den Tulpenkelchen
flockt die temperamentvolle Melancholie, wie
Spanische Dramen, wir hieven ein schamrotes Klavier
über 23 Meilen abgegraste Zuversicht,
die Leute werden nervös, sie trauen sich nicht etwas zu sagen,
doch wer tackert mir den Mund zu und fädelt
ein Gedicht heraus, eine schwere Träne.
Wenn ich dir schreibe, dass Wälder, Dornenkronen,
Amselzwitschern aus unserem Leben verschwinden.
Schmerzen tropfen wie Schwalben vom bretonischen Himmel.
Ein Dichter vergisst sein Sonett
im Herzen seiner einer Wandertaube.
eine nach Aprikosen riechende Ruhe
in der Hand, ein Stück Kernseife
und er sieht einfach zu, wie sie in die Betonporen sinkt, die Leere,
ein schnelles, todsicheres Rauschgift –

## *russian girl –*

Es regnet leicht, Fischerboote
schwimmen in der algengrünen
Verwunschenheit des Tuner Sees,
einigen badenden Kindern vergeht
das Lächeln, das Glühen der Sommersprossen.
Unsagbares hängt in der Luft, Lindentee dampft
in deinen missbrauchten Augen.
ihr Kleid weht auf, meine Kamera
hat schon seit Jahren keinen Saft mehr, doch
wie gerne würde ich sie aufnehmen, ihren Teint
festhalten, diese Schneewiese, heimlich
glänzend, unnahbar, feucht, doch
ich sitze fest in diesem Dorf,
wo Windhunde unter Birken verglühen
und schwarze Wolken über
den Autobahnen hängen –

## *Scharlachrote Baracken –*

Wenn du zehn Stunden gearbeitet hast
und rausfährst aufs Land, Rapsfelder glühen siehst,
unter schwerem Regen, im Radio dieselben alten Songs laufen,
wie vor vier Jahren, und Holunderlikör
aus den Augen deines Mädchens tropft,
wenn niemand da ist, der dem Dichter zuhört,
der dem Wolfsmagen lauscht,
den Ungläubigen ersticken sieht, erste,
ganz zarte Gehversuche der Wörter beobachtet,
sind es dann nicht wir,
die weit, weit weg fahren, Whitmans Grabstein zu streicheln,
uns von der Hitze küssen zu lassen,
die nach Bohnerwachs riecht
und traumlose Tage bellen, wie Doggen
Tom Waits in den wundgeleckten
Himmel über scharlachroten Baracken –

## *Stillleben*

Sie ist die Wasserleiche
in meinem Vers, in dem die Zeit
langsamer vergeht, ihre
schwefelgelben Beine
schwimmen wie
verstörte lila Gewitter
durch meine Augen,
es liegen verdorrte Sauerkirschen
in der Holzschale, eine Zigarette brennt ab,
der Morgen im Aschenbecher –

## *töten und lieben –*

Ein kleines Blutgerinnsel
im Himmel, ihre Beine über-
einander geschlagen, leichter
Regen. Unter der Markise,
alte Fischer rauchen Zigarren,
alles wie in einem französischen
Drama, sie lächelt mich an,
anmutig abweisender als
Bettie Davie, es riecht nach
warmem Stegholz, dampfendem
Trost und wir werden älter
und verlernen die Schönheit zu bewundern,
die uns töten und lieben lernt –

*Ich dachte außer dir und mir*
wäre nur brennende

Unruhe, in einem französischen Fischerdorf,
doch die Menschen sind nicht nervös,

Frauen in langen, weißen Kleiden rauchten Gauloises,
ihre Sommersprossen glühten, sie

verrieten uns nichts über die Mimikry warmer
Sauerkirschbäume, eine sich anschmiegende

Stille, ein kalter Aal im Nordwind,
friedlich in meinen Schatten gebettet,

am Deich hast du meiner Harfe
die Saiten herausgerissen, einige Menschen

wurden still, lauschten dem Wunder
schwerer Schritte im Wattenmeer deiner Stimme.

## *undundund*

Durchströmt von unlöslichen
Tagen, wagen wir wieder
die Augenbinde abzunehmen,
ein Gewitter zieht auf, aus
den Cafés dampfen Skizzen
wir werden zunehmend unglücklicher,
wenn wir uns nicht sehen, weshalb wir
trinken und rauchen und ficken und tanzen
und uns lieben und so tun als
wäre das alles.

*aufgeblähte Melancholie wächst jetzt*
bei leichtem Wind, wie Summen, Bienenschatten, ein
nylonschwarzes Gerinnsel ins Nachtwerk, ölig,
Zahnräder, Verse, Versuche verblühte Tage,
wie Taubenfedern ins Unerklärliche zu stopfen,
ein Wunder im Wachschlaf, es träumt von mir und
spiegelt sich so gern in der Alufolie
Schweizer Bergseen, sieh zu, sagt eine Spiegelung,
wie Gewitterwolken Baselitz in deinen Schatten
malen, eine Ahnung vom Kanon alter Menschen,
die in Hundeträumen schwimmen, doch
wer dreht mich, wie die fehlende Schraube
ins Land, ein Pfauenauge, ein
bläuliches Wimmern in Lehndorf.

## *Weinrotes Gras –*

Auf der anderen Straßenseite
wohnt ein gottloser Mann.
Er nahm mich einst mit, weit hinter
die Dörfer, Wolken glühten, wie Storchfedern,
seine Stimme brannte in meinen Tagen,
Wunden, 86er Scotch. Er sagte
»Zieh dich aus, lauf nackt durch die Welt,
werd ein Gedicht.«
Sein schwarzer Mantel wehte, er nahm seine Luger
und setzte sie mir auf die Stirn:
»Mach schon!«
Ich begann zu tun, was er mir befahl,
doch die Leute bemerkten mich nicht,
keiner machte Fotos, sie lachten nur, prusteten,
bildeten Trauergemeinden und zogen weiter,
Ameisen auf dem Betonhirn, die das weinrote Gras
wachsen hören.

## *Niemals*

Ich sitze hier fest,
im brennenden Hotelzimmer, schreibe,
schreibe, ich übergieße mein Gedicht
mit Benzin, ich werfe ein Streichholz hinein.
Ich sehe es brennen, doch
es ist nicht dasselbe wie früher, wie
könnte es auch nur? Eine russische Dame
schwebt über den Boulevard,
aus Raureif und Seide
ihre Weiblichkeit,die lavendelweich
meilenweit ins unberührte Land wächst
und den Vogelscheuchen
beibringt auszuglühen.

*alles verlangt nach Versprechen, die sich um die Tage kräuseln,*
borstige blonde Pferdehaare um nackte Damenbeine.
Ein lautloses genügsames Vorhandensein von Wärme
in den Fingerspitzen, die Zeitlosigkeit und Trost befühlen,
ein kaltes Bügeleisen, ein altes Lied, die
limonengrün aufwehenden Kleider, sie
beschwörten ein flüchtiges Glück
über die Tulpenköpfe
im Spätsommer, in der leeren Badewanne
in einem französisch versungenen Hotel und draußen
das verrätselte Lächeln eines Weststadtmädchens, das sich unsichtbar
über die Avenue hievt, ein ungestimmter Flügel, es war an der Zeit
Triolen vom Boden zu sammeln, sich weichspülen zu lassen
von zu viel von nichts--

## *menage*

Ich möchte dich ein allerletztes Mal
verschwinden sehen in den Rapsfeldern,
dich verschwimmen sehen wie
einen Bleistiftstrich im Regen , dein Kleid
aufflackern sehen in diesem verrauchten
Fischerdorf bei Marseille.
Lass mich jetzt bitte nicht im Stich, du weißt doch,
dass ich wie der leichte Regen bin,
der geht und nichts als ein Wunder hinterlässt,
doch die Leute sind leichter als ich,
mit ihren Strohhüten und Seidenschals, ich
hätte nie gedacht, dass du gehst
und all meine Rätsel in Weinblätter wickelst
und gehst, ohne ein adieu ohne
dieses Lächeln, das mich um den Verstand bringt--

## *Mondhände --*

ein Morgen, der langsam
und schwermütig über die Dächer floss, wie
Landwein oder Margeritenduft.
Warum schien alles so leblos, so gesättigt
von Unerfüllbarkeit und
warum wandelten kleine Mädchen
durch den Regen, die niemals aufgehen sollten,
niemals in dieser verdammten Stadt?
Magnolienschlaf hing noch in ihren Augen,
sie trugen Schmerz wie tintengrüne Seide am Mark.
Mir schien dieser Morgen würde langsamer entstehen
als eine Silbe, als Wehmut noch in nassen Wäldern.
Irgendwo weit abseits der Sinatra singenden Gullis
würde eine Ruhe warten
eine gepeitschte, unersättliche Ruhe,
in der die Mädchen Mädchen sein könnten,
wo ich kein Dichter sein müsste,
der mit vergeblicher, gebrechlicher Hand
kirschrotes Licht ins morsche Holz reibt.
Ich weiß, mein Gedicht wird
bei der Geburt mein Sarg,
im Tod meine Wiege sein.
Doch schwerer als Märchen schlafen Windhunde
unter Markisen. Wunder
bleiben ausrangierte Güterzüge,
beladen mit nichts als Stille, Weizenhaar,
französisch leichten Gewitterwolken.
Also sitze ich hier, sitze hier fest, bereit zu vergeben
und ich weiß, irgendwo hinter den Dörfern,
zwischen Lehmhäusern würden die Mädchen
spielen und lachen und die Leichtigkeit erfinden
mit ihren Mondhänden--

*viel zu friedlich diese malmende Stille,*
nur ein Blutrauschen, dass sich ins Satinkleid
meiner Hoffnung wob, Lagerfeuerlied, Zuchtperlen,
silbrige Wörter in ihrer Taille, Bernsteinlagune,
Kies, wie Gewitter unter den Zehen. Jemand hörte mir zu, als
ich den Donner radierte und zarte
Ausläufe von Sünden in die Dünen malte, die
niemand jemals verinnerlichern würde, vielleicht
diese Geometrie von Zaunvögeln und Weinbergen, weiten
Sätzen, die sich ins verstaubte Land rollen, als seien sie Teil
eines endlosen Romans, gepeitschten Meeres, sie
rollen einem Ende entgegen, das sich in mein Kopfkissen nistet,
die Angst, dass nach den Wörtern nur
zerstörte Sandburgen
und ein Hauch von lachsrotem Lippenstift bleiben--

## *Le Havre weint*

die Wälder in d-Moll gehüllt, sie weiten in wenig
die betäubten weißnuancen, den unbetretbaren Raum.
Haydn schwimmt wie trockener Weißwein
über schläfrige Hunde,
und Murmeln aus scharlachrotem Glas
ein gebrochenes Lächeln
unsichtbar,
Wir spielen Verstecken in schnell verfallenden Bildern
aus Sekundenkleber und Sand:
der umarmende Geruch der Müdigkeit,
warmes blondes Haar
die Ameisenbeinchen des Nebels
hell, an Geräuschen formt sich der Abend, eine traurige Erscheinung.
Ein Storchnest, rotes Versagen der weinerlichen
Umgebung. Monet malte Regentropfen
über die hustenden Cafés
und niemand glaubte jetzt noch, dass es nichts zu glauben gibt.

## *ein Altweibersommer*

Niemand weiß.
In der Weinrosengasse,
die Gärung meiner Selbstsucht
unter der rötlichen Milchsonne,
ein Baby weinte,
einer wurde erschossen.
War ich das weinende Baby,
war ich das Projektil.
Verflüchtigte Tinktur, Ignoranz,
es gibt ein Wort für die Versklavung meiner Wünsche.
Nocturnalie.
Es wird mit verrotteten Lilien gedealt.
Spät am Mittag. versungene Szene,
ins Verblassen geriebene Stille
eines ungewollten Gedankens.
Das Telefon weint wieder.
Ich hab am Rand gelebt.
Auf der anderen Seite
durfte man noch träumen.
ich bin nicht,
was ich gewesen sein werde.

Inhalt

Lyrikedition 2000, kleine Auswahl

Patrick Beck
Das Skelett des Moments
ISBN 978-3-86906-722-3, 96 S., Paperback, € 11.50

Martin Bieri
Europa, Tektonik des Kapitals
ISBN 978-3-86906-723-0, 96 S., Hardcover, € 18.50

Wolfram Malte Fues
InZwischen
Mit Zeichnungen von Titz
ISBN 978-3-86906-671-4, 128 S., Paperback, € 16.50

Markus Hallinger
Das Eigene
ISBN 978-3-86906-470-3, 88 S., Paperback, € 9.50

Georg Heym
Ich bin von dem grauen Elend ganz zerfressen
Anthologie, herausgegeben von Florian Voß
ISBN 978-3-86906-373-7, 88 S., Paperback, € 11.50

Marius Hulpe
Einmal werden wir
ISBN 978-3-86906-508-3, 112 S., Paperback, € 12.50

Ulrich Koch
Selbstgespräch mit niemand
ISBN 978-3-86906-676-9, 84 S., Paperback, € 9.50

Boris Preckwitz
Kampfansage
ISBN 978-3-86906-588-5, 72 S., Klappenbroschur, € 12.50

Florian Voß (Hg.)
Weltkrieg!
Gefallene Dichter 1914–1918
ISBN 978-3-86906-633-2, 72 S., Paperback, € 9.90